사경노트

우리말 법정게

도서출판
좋은인연

사경의 의의

사경이란 경전 말씀을 따라 쓰거나 옮겨 쓴다는 뜻으로 기도 수행의 한 방편입니다. 사경은 스스로 그 마음을 맑혀가는 거룩한 자기 불사(佛事)입니다.

이렇게 사경한 종이는 탑 등에 봉안되는데 불국사 석가탑에 모셔져 있다가 얼마전 세간에 알려진 무구정광 대다라니가 그 대표적 예입니다.

사경의 공덕

깨끗하고 맑은 마음으로 부처님의 원음(圓音)을 옮겨쓰는 불자는 이미 윤회의 고통을 벗어나 있습니다. 정성 다해 사경하는 이에게는 불보살님의 가피와 위신력이 있어 일체 모든 장애는 사라지고 기쁨이 늘 충만한 삶이 전개될 것입니다.

— 사경의 공덕이 탑을 조성하는 것보다 수승하다.(도행반야경 탑품)
— 만약 어떤 사람이 경전을 사경, 수지, 해설하면 대원을 성취한다.(법화경 법사공덕품)
— 무수한 세월 동안 물질로 보시한 공덕보다 경전을 사경, 수지, 독송하여 다른 이를 위해 해설한 공덕이 수승하다.(금강경 지경공덕분)

사경의 순서

1. 몸을 청정히 한다.
2. 부처님 사진 등을 모시고 향을 피운다.
3. 예불을 올린다.
4. 사경발원문을 독송한다.
5. 정성껏 사경에 들어간다.
6. 사경회향문을 읽고 부처님 전에 삼배한다.

법 성 게
法 性 偈

법성원융무이상
法性圓融無二相

제법부동본래적
諸法不動本來寂

무명무상절일체
無名無相絶一切

증지소지비여경
證智所知非餘境

진성심심극미묘
眞性甚深極微妙

불수자성수연성
不守自性隨緣成

일중일체다중일
一中一切多中一

일즉일체다즉일
一卽一切多卽一

일미진중함시방
一微塵中含十方

일체진중역여시
一切塵中亦如是

무량원겁즉일념
無量遠劫卽一念

일념즉시무량겁
一念卽是無量劫

구세십세호상즉
九世十世互相卽

잉불잡란격별성
仍不雜亂隔別成

초발심시변정각
初發心時便正覺

생사열반상공화
生死涅槃常共和

이사명연무분별
理事冥然無分別

십불보현대인경
十佛普賢大人境

능인해인삼매중
能仁海印三昧中

번출여의부사의
繁出如意不思議

우보익생만허공
雨寶益生滿虛空

중생수기득이익
衆生隨器得利益

시고행자환본제
是故行者還本際

파식망상필부득
叵息妄想必不得

무연선교착여의
無緣善巧捉如意

귀가수분득자량
歸家隨分得資糧

이다라니무진보
以陀羅尼無盡寶

장엄법계실보전
莊嚴法界實寶殿

궁좌실제중도상
窮坐實際中道床

구래부동명위불
舊來不動名爲佛

사경발원문

우러러 온 우주 법계에 충만하사 아니 계신 곳 없으시고 만유에 평등하사 자비의 구름으로 피어나신 부처님께 귀의 하나이다.

참다운 실상은 형상과 말을 여의었건만 감응하시는 원력은 삼천 대천 세계를 두루 덮으시고 단비 같은 팔만사천 법문으로 온갖 번뇌 씻어주시며 자유자재하신 방편으로 고해 중생 건지시니 행하는 일 성취됨은 맑은 못의 달그림자 같사옵니다.

그러하옵기에, 이렇듯 저의 정성 모아 사경의식을 봉행하오니 이 공덕으로 신심 더욱 깊어지고 가정은 늘 평안하며 모든이들 부처님 세상에 들게 하여지이다.

관세음보살 관세음보살 관세음보살

* 필요에 따라 자기 가족의 축원을 구체적으로 하셔도 됩니다.

기도불자 _____ 합장

법 성 게

법성은원융하여 두모습본래없고　제법은부동하여 본래로고요하네

명상이 모두없어 일체가끊겼으니　증지로알바이지 딴경계아니로다

진성은매우깊어 지극히미묘하니　자성을지키잖고 연따라이루더라

하나에일체있고 많음속하나있어　하나가일체이고 많음이하나로세

한티끌가운데에 시방을머금었고　일체의티끌마다 역시나그러하네

무량한긴세월이 한순간일념이고　찰나의한생각은 무량겁세월일세

구세및십세간에 서로가즉하면서　하나도잡란없이 따로이이루더라

처음에발심할때 정각을이룸이여　생사와열반세계 언제나어울리네

이사가명연하여 나눌수없는지라　십불과보현보살 대인의경계로다

부처님해인삼매 그속에함장된것　번출의여의함은 부사의일이로다

보배비중생도와 허공을채우나니　중생들그릇따라 이익을얻는구나

그러니수행자는 본제로돌아가세　망상을쉬지않곤 얻을길달리없네

참다운선교로써 여의주잡았으니　귀가에분수따라 자량을얻는도다

신묘한다라니의 무진한보배로써　법계의진실하온 보배궁장엄하여

실제의중도자리 마침내앉고보니　옛부터부동함을 붓다라이르더라

법 성 게

법성은 원융하여 두 모습 본래없고 제법은 부동하여 본래로 고요하네

명상이 모두없어 일체가 끊겼으니 증지로 알바이지 딴경계 아니로다

진성은 매우깊어 지극히 미묘하니 자성을 지키잖고 연따라 이루더라

하나에 일체있고 많음속 하나있어 하나가 일체이고 많음이 하나로세

한티끌 가운데에 시방을 머금었고 일체의 티끌마다 역시나 그러하네

무량한 긴세월이 한순간 일념이고 찰나의 한생각은 무량겁 세월일세

구세및 십세간에 서로가 즉하면서 하나도 잡란없이 따로이 이루더라

처음에 발심할때 정각을 이룸이여 생사와 열반세계 언제나 어울리네

이사가 명연하여 나눌수없는지라 십불과 보현보살 대인의 경계로다

부처님 해인삼매 그속에 함장된것 번출의 여의함은 부사의 일이로다

보배비 중생도와 허공을 채우나니 중생들 그릇따라 이익을 얻는구나

그러니 수행자는 본제로 돌아가세 망상을 쉬지않곤 얻을길 달리없네

참다운 선교로써 여의주 잡았으니 귀가에 분수따라 자량을 얻는도다

신묘한 다라니의 무진한 보배로써 법계의 진실하온 보배궁 장엄하여

실제의 중도자리 마침내 앉고보니 옛부터 부동함을 붓다라 이르더라

법 성 게

법성은원융하여 두모습본래없고 제법은부동하여 본래로고요하네

명상이 모두없어 일체가끊겼으니 증지로알바이지 딴경계아니로다

진성은매우깊어 지극히미묘하니 자성을지키잖고 연따라이루더라

하나에일체있고 많음속하나있어 하나가일체이고 많음이하나로세

한티끌가운데에 시방을머금었고 일체의티끌마다 역시나그러하네

무량한긴세월이 한순간일념이고 찰나의한생각은 무량겁세월일세

구세및십세간에 서로가즉하면서 하나도잡란없이 따로이이루더라

처음에발심할때 정각을이룸이여 생사와열반세계 언제나어울리네

이사가명연하여 나눌수없는지라 십불과보현보살 대인의경계로다

부처님해인삼매 그속에함장된것 번출의여의함은 부사의일이로다

보배비중생도와 허공을채우나니 중생들그릇따라 이익을얻는구나

그러니수행자는 본제로돌아가세 망상을쉬지않곤 얻을길달리없네

참다운선교로써 여의주잡았으니 귀가에분수따라 자량을얻는도다

신묘한다라니의 무진한보배로써 법계의진실하온 보배궁장엄하여

실제의중도자리 마침내앉고보니 옛부터부동함을 붓다라이르더라

법 성 게

법성은원융하여 두모습본래없고　제법은부동하여 본래로고요하네

명상이 모두없어 일체가끊겼으니　증지로알바이지 딴경계아니로다

진성은매우깊어 지극히미묘하니　자성을지키잖고 연따라이루더라

하나에 일체있고 많음속 하나있어　하나가일체이고 많음이 하나로세

한티끌가운데에 시방을머금었고　일체의티끌마다 역시나그러하네

무량한긴세월이 한순간일념이고　찰나의한생각은 무량겁 세월일세

구세및 십세간에 서로가즉하면서　하나도 잡란없이 따로이이루더라

처음에 발심할때 정각을이룸이여　생사와열반세계 언제나어울리네

이사가명연하여 나눌수없는지라　십불과 보현보살 대인의경계로다

부처님 해인삼매 그속에 함장된것　번출의 여의함은 부사의 일이로다

보배비 중생도와 허공을채우나니　중생들그릇따라 이익을얻는구나

그러니 수행자는 본제로돌아가세　망상을쉬지않곤 얻을길 달리없네

참다운 선교로써 여의주잡았으니　귀가에 분수따라 자량을얻는도다

신묘한다라니의 무진한보배로써　법계의진실하온 보배궁장엄하여

실제의 중도자리 마침내앉고보니　옛부터 부동함을 붓다라이르더라

법 성 게

법성은원융하여 두모습 본래없고 제법은부동하여 본래로고요하네

명상이 모두없어 일체가끊겼으니 증지로알바이지 딴경계아니로다

진성은매우깊어 지극히미묘하니 자성을지키잖고 연따라이루더라

하나에 일체있고 많음속 하나있어 하나가일체이고 많음이 하나로세

한티끌가운데에 시방을머금었고 일체의티끌마다 역시나그러하네

무량한긴세월이 한순간일념이고 찰나의 한생각은 무량겁 세월일세

구세및 십세간에 서로가 즉하면서 하나도 잡란없이 따로이 이루더라

처음에 발심할때 정각을이룸이여 생사와열반세계 언제나어울리네

이사가명연하여 나눌수없는지라 십불과 보현보살 대인의 경계로다

부처님 해인삼매 그속에 함장된것 변출의 여의함은 부사의 일이로다

보배비 중생도와 허공을채우나니 중생들 그릇따라 이익을 얻는구나

그러니 수행자는 본제로 돌아가세 망상을쉬지않곤 얻을길 달리없네

참다운 선교로써 여의주잡았으니 귀가에 분수따라 자량을 얻는도다

신묘한 다라니의 무진한보배로써 법계의 진실하온 보배궁 장엄하여

실제의 중도자리 마침내앉고보니 옛부터 부동함을 붓다라이르더라

법 성 게

법성은원융하여 두모습 본래없고 제법은부동하여 본래로고요하네

명상이 모두없어 일체가끊겼으니 증지로알바이지 딴경계아니로다

진성은매우깊어 지극히미묘하니 자성을지키잖고 연따라이루더라

하나에 일체있고 많음속 하나있어 하나가일체이고 많음이 하나로세

한티끌가운데에 시방을머금었고 일체의티끌마다 역시나 그러하네

무량한긴세월이 한순간일념이고 찰나의 한생각은 무량겁 세월일세

구세및 십세간에 서로가즉하면서 하나도잡란없이 따로이 이루더라

처음에 발심할때 정각을이룸이여 생사와열반세계 언제나어울리네

이사가 명연하여 나눌수없는지라 십불과 보현보살 대인의경계로다

부처님 해인삼매 그속에 함장된것 번출의여의함은 부사의 일이로다

보배비 중생도와 허공을채우나니 중생들 그릇따라 이익을얻는구나

그러니 수행자는 본제로 돌아가세 망상을쉬지않곤 얻을길 달리없네

참다운 선교로써 여의주잡았으니 귀가에 분수따라 자량을얻는도다

신묘한다라니의 무진한보배로써 법계의진실하온 보배궁장엄하여

실제의 중도지리 마침내앉고보니 옛부터 부동함을 붓다라이르더라

법 성 게

법성은원융하여 두모습 본래없고　제법은부동하여 본래로고요하네

명상이 모두없어 일체가끊겼으니　증지로알바이지 딴경계아니로다

진성은매우깊어 지극히미묘하니　자성을지키잖고 연따라이루더라

하나에 일체있고 많음속 하나있어　하나가일체이고 많음이 하나로세

한티끌가운데에 시방을머금었고　일체의티끌마다 역시나 그러하네

무량한긴세월이 한순간일념이고　찰나의 한생각은 무량겁 세월일세

구세및 십세간에 서로가즉하면서　하나도잡란없이 따로이이루더라

처음에 발심할때 정각을이룸이여　생사와열반세계 언제나어울리네

이사가명연하여 나눌수없는지라　십불과 보현보살 대인의경계로다

부처님 해인삼매 그속에 함장된것　번출의여의함은 부사의 일이로다

보배비 중생도와 허공을채우나니　중생들그릇따라 이익을얻는구나

그러니 수행자는 본제로돌아가세　망상을쉬지않곤 얻을길 달리없네

참다운 선교로써 여의주잡았으니　귀가에 분수따라 자량을얻는도다

신묘한다라니의 무진한보배로써　법계의진실하온 보배궁장엄하여

실제의 중도자리 마침내앉고보니　옛부터 부동함을 붓다라이르더라

법 성 게

법성은원융하여 두모습본래없고 제법은부동하여 본래로고요하네

명상이 모두없어 일체가끊겼으니 증지로알바이지 딴경계아니로다

진성은매우깊어 지극히미묘하니 자성을지키잖고 연따라이루더라

하나에 일체있고 많음속하나있어 하나가일체이고 많음이 하나로세

한티끌가운데에 시방을머금었고 일체의티끌마다 역시나 그러하네

무량한긴세월이 한순간일념이고 찰나의 한생각은 무량겁 세월일세

구세및 십세간에 서로가즉하면서 하나도잡란없이 따로이이루더라

처음에 발심할때 정각을이룸이여 생사와열반세계 언제나어울리네

이사가명연하여 나눌수없는지라 십불과 보현보살 대인의경계로다

부처님 해인삼매 그속에 함장된것 번출의여의함은 부사의 일이로다

보배비 중생도와 허공을 채우나니 중생들그릇따라 이익을얻는구나

그러니 수행자는 본제로돌아가세 망상을쉬지않곤 얻을길 달리없네

참다운 선교로써 여의주잡았으니 귀가에 분수따라 자량을얻는도다

신묘한다라니의 무진한보배로써 법계의진실하온 보배궁장엄하여

실제의 중도자리 마침내앉고보니 옛부터 부동함을 붓다라이르더라

법 성 게

법성은원융하여 두모습본래없고 제법은부동하여 본래로고요하네

명상이 모두없어 일체가끊겼으니 증지로알바이지 딴경계아니로다

진성은매우깊어 지극히미묘하니 자성을지키잖고 연따라이루더라

하나에 일체있고 많음속 하나있어 하나가일체이고 많음이 하나로세

한티끌 가운데에 시방을머금었고 일체의 티끌마다 역시나 그러하네

무량한긴세월이 한순간일념이고 찰나의 한생각은 무량겁 세월일세

구세및 십세간에 서로가즉하면서 하나도 잡란없이 따로이이루더라

처음에 발심할때 정각을이룸이여 생사와열반세계 언제나어울리네

이사가명연하여 나눌수없는지라 십불과 보현보살 대인의경계로다

부처님 해인삼매 그속에 함장된것 번출의 여의함은 부사의 일이로다

보배비 중생도와 허공을채우나니 중생들 그릇따라 이익을얻는구나

그러니 수행자는 본제로돌아가세 망상을쉬지않곤 얻을길 달리없네

참다운 선교로써 여의주잡았으니 귀가에 분수따라 자량을얻는도다

신묘한다라니의 무진한보배로써 법계의 진실하온 보배궁장엄하여

실제의 중도자리 마침내앉고보니 옛부터 부동함을 붓다라이르더라

법 성 게

법성은 원융하여 두 모습 본래 없고 제법은 부동하여 본래로 고요하네

명상이 모두 없어 일체가 끊겼으니 증지로 알 바이지 딴 경계 아니로다

진성은 매우 깊어 지극히 미묘하니 자성을 지키잖고 연따라 이루더라

하나에 일체 있고 많음 속 하나 있어 하나가 일체이고 많음이 하나로세

한 티끌 가운데에 시방을 머금었고 일체의 티끌마다 역시나 그러하네

무량한 긴 세월이 한순간 일념이고 찰나의 한 생각은 무량겁 세월일세

구세 및 십세간에 서로가 즉하면서 하나도 잡란 없이 따로이 이루더라

처음에 발심할 때 정각을 이룸이여 생사와 열반 세계 언제나 어울리네

이사가 명연하여 나눌 수 없는지라 십불과 보현보살 대인의 경계로다

부처님 해인삼매 그 속에 함장된 것 번출의 여의함은 부사의 일이로다

보배비 중생 도와 허공을 채우나니 중생들 그릇따라 이익을 얻는구나

그러니 수행자는 본제로 돌아가세 망상을 쉬지 않곤 얻을 길 달리 없네

참다운 선교로써 여의주 잡았으니 귀가에 분수따라 자량을 얻는도다

신묘한 다라니의 무진한 보배로써 법계의 진실하온 보배궁 장엄하여

실제의 중도자리 마침내 앉고 보니 옛부터 부동함을 붓다라 이르더라

법 성 게

법성은원융하여 두모습본래없고 제법은부동하여 본래로고요하네

명상이 모두없어 일체가끊겼으니 증지로알바이지 딴경계아니로다

진성은매우깊어 지극히미묘하니 자성을지키잖고 연따라이루더라

하나에 일체있고 많음속하나있어 하나가일체이고 많음이 하나로세

한티끌가운데에 시방을머금었고 일체의티끌마다 역시나그러하네

무량한긴세월이 한순간일념이고 찰나의 한생각은 무량겁 세월일세

구세및십세간에 서로가즉하면서 하나도잡란없이 따로이이루더라

처음에 발심할때 정각을이룸이여 생사와열반세계 언제나어울리네

이사가명연하여 나눌수없는지라 십불과보현보살 대인의경계로다

부처님 해인삼매 그속에함장된것 번출의여의함은 부사의일이로다

보배비 중생도와 허공을채우나니 중생들그릇따라 이익을얻는구나

그러니 수행자는 본제로돌아가세 망상을쉬지않곤 얻을길 달리없네

참다운 선교로써 여의주잡았으니 귀가에분수따라 자량을얻는도다

신묘한다라니의 무진한보배로써 법계의진실하온 보배궁장엄하여

실제의 중도자리 마침내앉고보니 옛부터부동함을 붓다라이르더라

법 성 게

법성은 원융하여 두모습 본래없고　제법은 부동하여 본래로 고요하네

명상이 모두없어 일체가 끊겼으니　증지로 알바이지 딴경계 아니로다

진성은 매우깊어 지극히 미묘하니　자성을 지키잖고 연따라 이루더라

하나에 일체있고 많음속 하나있어　하나가 일체이고 많음이 하나로세

한티끌 가운데에 시방을 머금었고　일체의 티끌마다 역시나 그러하네

무량한 긴세월이 한순간 일념이고　찰나의 한생각은 무량겁 세월일세

구세및 십세간에 서로가 즉하면서　하나도 잡란없이 따로이 이루더라

처음에 발심할때 정각을 이룸이여　생사와 열반세계 언제나 어울리네

이사가 명연하여 나눌수없는지라　십불과 보현보살 대인의 경계로다

부처님 해인삼매 그속에 함장된것　번출의 여의함은 부사의 일이로다

보배비 중생도와 허공을 채우나니　중생들 그릇따라 이익을 얻는구나

그러니 수행자는 본제로 돌아가세　망상을 쉬지않곤 얻을길 달리없네

참다운 선교로써 여의주 잡았으니　귀가에 분수따라 자량을 얻는도다

신묘한 다라니의 무진한 보배로써　법계의 진실하온 보배궁 장엄하여

실제의 중도자리 마침내 앉고보니　옛부터 부동함을 붓다라 이르더라

법 성 게

법성은원융하여 두모습본래없고　제법은부동하여 본래로고요하네

명상이 모두없어 일체가끊겼으니　증지로알바이지 딴경계아니로다

진성은매우깊어 지극히미묘하니　자성을지키잖고 연따라이루더라

하나에 일체있고 많음속하나있어　하나가일체이고 많음이 하나로세

한티끌가운데에 시방을머금었고　일체의티끌마다 역시나 그러하네

무량한긴세월이 한순간일념이고　찰나의 한생각은 무량겁 세월일세

구세및 십세간에 서로가즉하면서　하나도잡란없이 따로이이루더라

처음에 발심할때 정각을이룸이여　생사와열반세계 언제나어울리네

이사가 명연하여 나눌수없는지라　십불과 보현보살 대인의경계로다

부처님 해인삼매 그속에함장된것　번출의여의함은 부사의일이로다

보배비 중생도와 허공을채우나니　중생들그릇따라 이익을얻는구나

그러니 수행자는 본제로돌아가세　망상을쉬지않곤 얻을길달리없네

참다운 선교로써 여의주잡았으니　귀가에 분수따라 자량을얻는도다

신묘한다라니의 무진한보배로써　법계의진실하온 보배궁장엄하여

실제의 중도자리 마침내앉고보니　옛부터 부동함을 붓다라이르더라

법 성 게

법성은 원융하여 두모습 본래없고 제법은 부동하여 본래로 고요하네

명상이 모두없어 일체가 끊겼으니 증지로 알바이지 딴경계 아니로다

진성은 매우깊어 지극히 미묘하니 자성을 지키잖고 연따라 이루더라

하나에 일체있고 많음속 하나있어 하나가 일체이고 많음이 하나로세

한티끌 가운데에 시방을 머금었고 일체의 티끌마다 역시나 그러하네

무량한 긴세월이 한순간 일념이고 찰나의 한생각은 무량겁 세월일세

구세및 십세간에 서로가 즉하면서 하나도 잡란없이 따로이 이루더라

처음에 발심할때 정각을 이룸이여 생사와 열반세계 언제나 어울리네

이사가 명연하여 나눌수 없는지라 십불과 보현보살 대인의 경계로다

부처님 해인삼매 그속에 합장된것 번출의 여의함은 부사의 일이로다

보배비 중생도와 허공을 채우나니 중생들 그릇따라 이익을 얻는구나

그러니 수행자는 본제로 돌아가세 망상을 쉬지않곤 얻을길 달리없네

참다운 선교로써 여의주 잡았으니 귀가에 분수따라 자량을 얻는도다

신묘한 다라니의 무진한 보배로써 법계의 진실하온 보배궁 장엄하여

실제의 중도자리 마침내 앉고보니 옛부터 부동함을 붓다라 이르더라

법 성 게

법성은 원융하여 두모습 본래없고 제법은 부동하여 본래로 고요하네

명상이 모두없어 일체가 끊겼으니 증지로 알바이지 딴경계 아니로다

진성은 매우깊어 지극히 미묘하니 자성을 지키잖고 연따라 이루더라

하나에 일체있고 많음속 하나있어 하나가 일체이고 많음이 하나로세

한티끌 가운데에 시방을 머금었고 일체의 티끌마다 역시나 그러하네

무량한 긴세월이 한순간 일념이고 찰나의 한생각은 무량겁 세월일세

구세및 십세간에 서로가 즉하면서 하나도 잡란없이 따로이 이루더라

처음에 발심할때 정각을 이룸이여 생사와 열반세계 언제나 어울리네

이사가 명연하여 나눌수없는지라 십불과 보현보살 대인의 경계로다

부처님 해인삼매 그속에 함장된것 번출의 여의함은 부사의 일이로다

보배비 중생도와 허공을 채우나니 중생들 그릇따라 이익을 얻는구나

그러니 수행자는 본제로 돌아가세 망상을 쉬지않곤 얻을길 달리없네

참다운 선교로써 여의주 잡았으니 귀가에 분수따라 자량을 얻는도다

신묘한 다라니의 무진한 보배로써 법계의 진실하온 보배궁 장엄하여

실제의 중도자리 마침내 앉고보니 옛부터 부동함을 붓다라 이르더라

법 성 게

법성은원융하여 두모습본래없고 제법은부동하여 본래로고요하네

명상이 모두없어 일체가끊겼으니 증지로알바이지 딴경계아니로다

진성은매우깊어 지극히미묘하니 자성을지키잖고 연따라이루더라

하나에 일체있고 많음속하나있어 하나가일체이고 많음이 하나로세

한티끌가운데에 시방을머금었고 일체의티끌마다 역시나그러하네

무량한긴세월이 한순간일념이고 찰나의 한생각은 무량겁 세월일세

구세및 십세간에 서로가즉하면서 하나도잡란없이 따로이이루더라

처음에발심할때 정각을이룸이여 생사와열반세계 언제나어울리네

이사가명연하여 나눌수없는지라 십불과 보현보살 대인의경계로다

부처님 해인삼매 그속에 함장된것 번출의여의함은 부사의 일이로다

보배비 중생도와 허공을채우나니 중생들그릇따라 이익을얻는구나

그러니 수행자는 본제로돌아가세 망상을쉬지않곤 얻을길 달리없네

참다운 선교로써 여의주잡았으니 귀가에 분수따라 자량을얻는도다

신묘한다라니의 무진한 보배로써 법계의 진실하온 보배궁장엄하여

실제의 중도자리 마침내앉고보니 옛부터 부동함을 붓다라이르더라

법 성 게

법성은원융하여 두모습본래없고 제법은부동하여 본래로고요하네

명상이 모두없어 일체가끊겼으니 증지로알바이지 딴경계아니로다

진성은매우깊어 지극히미묘하니 자성을지키잖고 연따라이루더라

하나에 일체있고 많음속하나있어 하나가일체이고 많음이 하나로세

한티끌가운데에 시방을머금었고 일체의티끌마다 역시나그러하네

무량한긴세월이 한순간일념이고 찰나의한생각은 무량겁세월일세

구세및십세간에 서로가즉하면서 하나도잡란없이 따로이이루더라

처음에발심할때 정각을이룸이여 생사와열반세계 언제나어울리네

이사가명연하여 나눌수없는지라 십불과보현보살 대인의경계로다

부처님해인삼매 그속에 함장된것 번출의여의함은 부사의일이로다

보배비 중생도와 허공을채우나니 중생들그릇따라 이익을얻는구나

그러니 수행자는 본제로돌아가세 망상을쉬지않곤 얻을길달리없네

참다운 선교로써 여의주잡았으니 귀가에분수따라 자량을얻는도다

신묘한다라니의 무진한보배로써 법계의진실하온 보배궁장엄하여

실제의중도지리 마침내앉고보니 옛부터부동함을 붓다라이르더라

법 성 게

법성은 원융하여 두모습 본래없고 제법은 부동하여 본래로 고요하네

명상이 모두없어 일체가 끊겼으니 증지로 알바이지 딴경계 아니로다

진성은 매우깊어 지극히 미묘하니 자성을 지키잖고 연따라 이루더라

하나에 일체있고 많음속 하나있어 하나가 일체이고 많음이 하나로세

한티끌 가운데에 시방을 머금었고 일체의 티끌마다 역시나 그러하네

무량한 긴세월이 한순간 일념이고 찰나의 한생각은 무량겁 세월일세

구세및 십세간에 서로가 즉하면서 하나도 잡란없이 따로이 이루더라

처음에 발심할때 정각을 이룸이여 생사와 열반세계 언제나 어울리네

이사가 명연하여 나눌수없는지라 십불과 보현보살 대인의 경계로다

부처님 해인삼매 그속에 함장된것 번출의 여의함은 부사의 일이로다

보배비 중생도와 허공을 채우나니 중생들 그릇따라 이익을 얻는구나

그러니 수행자는 본제로 돌아가세 망상을 쉬지않곤 얻을길 달리없네

참다운 선교로써 여의주 잡았으니 귀가에 분수따라 자량을 얻는도다

신묘한 다라니의 무진한 보배로써 법계의 진실하온 보배궁 장엄하여

실제의 중도자리 마침내 앉고보니 옛부터 부동함을 붓다라 이르더라

법 성 게

법성은원융하여 두모습본래없고　제법은부동하여 본래로고요하네

명상이 모두없어 일체가끊겼으니　증지로알바이지 딴경계아니로다

진성은매우깊어 지극히미묘하니　자성을지키잖고 연따라이루더라

하나에 일체있고 많음속하나있어　하나가일체이고 많음이 하나로세

한티끌가운데에 시방을머금었고　일체의티끌마다 역시나그러하네

무량한긴세월이 한순간일념이고　찰나의한생각은 무량겁 세월일세

구세및 십세간에 서로가즉하면서　하나도잡란없이 따로이이루더라

처음에 발심할때 정각을이룸이여　생사와열반세계 언제나어울리네

이사가명연하여 나눌수없는지라　십불과보현보살 대인의경계로다

부처님 해인삼매 그속에 함장된것　번출의여의함은 부사의일이로다

보배비 중생도와 허공을채우나니　중생들그릇따라 이익을얻는구나

그러니 수행자는 본제로돌아가세　망상을쉬지않곤 얻을길 달리없네

참다운 선교로써 여의주잡았으니　귀가에 분수따라 자량을얻는도다

신묘한다라니의 무진한 보배로써　법계의진실하온 보배궁 장엄하여

실제의 중도자리 마침내앉고보니　옛부터 부동함을 붓다라이르더라

법 성 게

법성은원융하여 두모습본래없고 제법은부동하여 본래로고요하네

명상이 모두없어 일체가끊겼으니 증지로알바이지 딴경계아니로다

진성은매우깊어 지극히미묘하니 자성을지키잖고 연따라이루더라

하나에일체있고 많음속하나있어 하나가일체이고 많음이하나로세

한티끌가운데에 시방을머금었고 일체의티끌마다 역시나그러하네

무량한긴세월이 한순간일념이고 찰나의한생각은 무량겁세월일세

구세및십세간에 서로가즉하면서 하나도잡란없이 따로이이루더라

처음에발심할때 정각을이룸이여 생사와열반세계 언제나어울리네

이사가명연하여 나눌수없는지라 십불과보현보살 대인의경계로다

부처님해인삼매 그속에함장된것 번출의여의함은 부사의일이로다

보배비중생도와 허공을채우나니 중생들그릇따라 이익을얻는구나

그러니수행자는 본제로돌아가세 망상을쉬지않곤 얻을길달리없네

참다운선교로써 여의주잡았으니 귀가에분수따라 자량을얻는도다

신묘한다라니의 무진한보배로써 법계의진실하온 보배궁장엄하여

실제의중도자리 마침내앉고보니 옛부터부동함을 붓다라이르더라

법 성 게

법성은원융하여 두모습 본래없고 제법은부동하여 본래로고요하네

명상이 모두없어 일체가끊겼으니 증지로알바이지 딴경계아니로다

진성은매우깊어 지극히미묘하니 자성을지키잖고 연따라이루더라

하나에 일체있고 많음속 하나있어 하나가일체이고 많음이 하나로세

한티끌가운데에 시방을머금었고 일체의티끌마다 역시나그러하네

무량한긴세월이 한순간일념이고 찰나의 한생각은 무량겁 세월일세

구세및 십세간에 서로가즉하면서 하나도잡란없이 따로이이루더라

처음에 발심할때 정각을이룸이여 생사와열반세계 언제나어울리네

이사가명연하여 나눌수없는지라 십불과 보현보살 대인의경계로다

부처님 해인삼매 그속에 함장된것 번출의여의함은 부사의 일이로다

보배비 중생도와 허공을채우나니 중생들그릇따라 이익을얻는구나

그러니 수행자는 본제로돌아가세 망상을쉬지않곤 얻을길 달리없네

참다운 선교로써 여의주잡았으니 귀가에 분수따라 자량을얻는도다

신묘한다라니의 무진한 보배로써 법계의진실하온 보배궁장엄하여

실제의 중도자리 마침내앉고보니 옛부터 부동함을 붓다라이르더라

법 성 게

법성은원융하여 두모습 본래없고　제법은부동하여 본래로고요하네

명상이 모두없어 일체가끊겼으니　증지로알바이지 딴경계아니로다

진성은매우깊어 지극히미묘하니　자성을지키잖고 연따라이루더라

하나에 일체있고 많음속하나있어　하나가일체이고 많음이 하나로세

한티끌가운데에 시방을머금었고　일체의티끌마다 역시나그러하네

무량한긴세월이 한순간일념이고　찰나의 한생각은 무량겁 세월일세

구세및 십세간에 서로가즉하면서　하나도 잡란없이 따로이이루더라

처음에 발심할때 정각을이룸이여　생사와열반세계 언제나어울리네

이사가명연하여 나눌수없는지라　십불과 보현보살 대인의경계로다

부처님 해인삼매 그속에 함장된것　번출의여의함은 부사의 일이로다

보배비 중생도와 허공을채우나니　중생들그릇따라 이익을얻는구나

그러니 수행자는 본제로돌아가세　망상을쉬지않곤 얻을길 달리없네

참다운 선교로써 여의주잡았으니　귀가에 분수따라 자량을얻는도다

신묘한다라니의 무진한 보배로써　법계의진실하온 보배궁장엄하여

실제의 중도자리 마침내앉고보니　옛부터 부동함을 붓다라이르더라

법 성 게

법성은원융하여 두모습 본래없고 제법은부동하여 본래로고요하네

명상이 모두없어 일체가끊겼으니 증지로알바이지 딴경계아니로다

진성은매우깊어 지극히미묘하니 자성을지키잖고 연따라이루더라

하나에일체있고 많음속하나있어 하나가일체이고 많음이하나로세

한티끌가운데에 시방을머금었고 일체의티끌마다 역시나그러하네

무량한긴세월이 한순간일념이고 찰나의한생각은 무량겁세월일세

구세및십세간에 서로가즉하면서 하나도잡란없이 따로이이루더라

처음에발심할때 정각을이룸이여 생사와열반세계 언제나어울리네

이사가명연하여 나눌수없는지라 십불과보현보살 대인의경계로다

부처님해인삼매 그속에함장된것 번출의여의함은 부사의일이로다

보배비중생도와 허공을채우나니 중생들그릇따라 이익을얻는구나

그러니수행자는 본제로돌아가세 망상을쉬지않곤 얻을길달리없네

참다운선교로써 여의주잡았으니 귀가에분수따라 자량을얻는도다

신묘한다라니의 무진한보배로써 법계의진실하온 보배궁장엄하여

실제의중도지리 마침내앉고보니 옛부터부동함을 붓다라이르더라

법 성 게

법성은 원융하여 두모습 본래없고 제법은 부동하여 본래로 고요하네

명상이 모두없어 일체가 끊겼으니 증지로 알바이지 딴경계 아니로다

진성은 매우깊어 지극히 미묘하니 자성을 지키잖고 연따라 이루더라

하나에 일체있고 많음속 하나있어 하나가 일체이고 많음이 하나로세

한티끌 가운데에 시방을 머금었고 일체의 티끌마다 역시나 그러하네

무량한 긴세월이 한순간 일념이고 찰나의 한생각은 무량겁 세월일세

구세및 십세간에 서로가 즉하면서 하나도 잡란없이 따로이 이루더라

처음에 발심할때 정각을 이룸이여 생사와 열반세계 언제나 어울리네

이사가 명연하여 나눌수 없는지라 십불과 보현보살 대인의 경계로다

부처님 해인삼매 그속에 함장된것 번출의 여의함은 부사의 일이로다

보배비 중생도와 허공을 채우나니 중생들 그릇따라 이익을 얻는구나

그러니 수행자는 본제로 돌아가세 망상을 쉬지않곤 얻을길 달리없네

참다운 선교로써 여의주 잡았으니 귀가에 분수따라 자량을 얻는도다

신묘한 다라니의 무진한 보배로써 법계의 진실하온 보배궁 장엄하여

실제의 중도자리 마침내 앉고보니 옛부터 부동함을 붓다라 이르더라

법 성 게

법성은원융하여 두모습본래없고 제법은부동하여 본래로고요하네

명상이 모두없어 일체가끊겼으니 증지로알바이지 딴경계아니로다

진성은매우깊어 지극히미묘하니 자성을지키잖고 연따라이루더라

하나에 일체있고 많음속하나있어 하나가일체이고 많음이 하나로세

한티끌가운데에 시방을머금었고 일체의티끌마다 역시나그러하네

무량한긴세월이 한순간일념이고 찰나의 한생각은 무량겁 세월일세

구세및 십세간에 서로가즉하면서 하나도잡란없이 따로이이루더라

처음에발심할때 정각을이룸이여 생사와열반세계 언제나어울리네

이사가명연하여 나눌수없는지라 십불과보현보살 대인의경계로다

부처님 해인삼매 그속에 함장된것 번출의여의함은 부사의 일이로다

보배비 중생도와 허공을채우나니 중생들그릇따라 이익을얻는구나

그러니 수행자는 본제로돌아가세 망상을쉬지않곤 얻을길 달리없네

참다운 선교로써 여의주잡았으니 귀가에 분수따라 자량을얻는도다

신묘한다라니의 무진한보배로써 법계의진실하온 보배궁장엄하여

실제의 중도자리 마침내앉고보니 옛부터 부동함을 붓다라이르더라

법 성 게

법성은원융하여 두모습본래없고　제법은부동하여 본래로고요하네

명상이 모두없어 일체가끊겼으니　증지로알바이지 딴경계아니로다

진성은매우깊어 지극히미묘하니　자성을지키잖고 연따라이루더라

하나에 일체있고 많음속하나있어　하나가일체이고 많음이 하나로세

한티끌가운데에 시방을머금었고　일체의티끌마다 역시나그러하네

무량한긴세월이 한순간일념이고　찰나의 한생각은 무량겁 세월일세

구세및십세간에 서로가즉하면서　하나도잡란없이 따로이이루더라

처음에 발심할때 정각을이룸이여　생사와열반세계 언제나어울리네

이사가명연하여 나눌수없는지라　십불과 보현보살 대인의경계로다

부처님 해인삼매 그속에 함장된것　번출의여의함은 부사의 일이로다

보배비 중생도와 허공을채우나니　중생들 그릇따라 이익을얻는구나

그러니 수행자는 본제로돌아가세　망상을쉬지않곤 얻을길 달리없네

참다운선교로써 여의주잡았으니　귀가에 분수따라 자량을얻는도다

신묘한다라니의 무진한보배로써　법계의진실하온 보배궁장엄하여

실제의 중도자리 마침내앉고보니　옛부터 부동함을 붓다라이르더라

법 성 게

법성은원융하여 두모습 본래없고 제법은부동하여 본래로고요하네

명상이 모두없어 일체가끊겼으니 증지로알바이지 딴경계아니로다

진성은매우깊어 지극히미묘하니 자성을지키잖고 연따라이루더라

하나에 일체있고 많음속 하나있어 하나가일체이고 많음이 하나로세

한티끌가운데에 시방을머금었고 일체의티끌마다 역시나그러하네

무량한긴세월이 한순간일념이고 찰나의 한생각은 무량겁 세월일세

구세및 십세간에 서로가즉하면서 하나도 잡란없이 따로이이루더라

처음에 발심할때 정각을이룸이여 생사와열반세계 언제나어울리네

이사가명연하여 나눌수없는지라 십불과 보현보살 대인의경계로다

부처님 해인삼매 그속에 함장된것 변출의여의함은 부사의 일이로다

보배비 중생도와 허공을채우나니 중생들 그릇따라 이익을얻는구나

그러니 수행자는 본제로돌아가세 망상을쉬지않곤 얻을길 달리없네

참다운 선교로써 여의주잡았으니 귀가에 분수따라 자량을얻는도다

신묘한다라니의 무진한보배로써 법계의 진실하온 보배궁장엄하여

실제의 중도자리 마침내앉고보니 옛부터 부동함을 붓다라이르더라

법 성 게

법성은 원융하여 두모습 본래없고 제법은 부동하여 본래로 고요하네

명상이 모두없어 일체가 끊겼으니 증지로 알바이지 딴경계 아니로다

진성은 매우깊어 지극히 미묘하니 자성을 지키잖고 연따라 이루더라

하나에 일체있고 많음속 하나있어 하나가 일체이고 많음이 하나로세

한티끌 가운데에 시방을 머금었고 일체의 티끌마다 역시나 그러하네

무량한 긴세월이 한순간 일념이고 찰나의 한생각은 무량겁 세월일세

구세및 십세간에 서로가 즉하면서 하나도 잡란없이 따로이 이루더라

처음에 발심할때 정각을 이룹이여 생사와 열반세계 언제나 어울리네

이사가 명연하여 나눌수 없는지라 십불과 보현보살 대인의 경계로다

부처님 해인삼매 그속에 함장된것 번출의 여의함은 부사의 일이로다

보배비 중생도와 허공을 채우나니 중생들 그릇따라 이익을 얻는구나

그러니 수행자는 본제로 돌아가세 망상을 쉬지않곤 얻을길 달리없네

참다운 선교로써 여의주 잡았으니 귀가에 분수따라 자량을 얻는도다

신묘한 다라니의 무진한 보배로써 법계의 진실하온 보배궁 장엄히여

실제의 중도자리 마침내 앉고보니 옛부터 부동함을 붓다라 이르더라

법 성 게

법성은 원융하여 두모습 본래없고 제법은 부동하여 본래로 고요하네

명상이 모두없어 일체가 끊겼으니 증지로 알바이지 딴경계 아니로다

진성은 매우깊어 지극히 미묘하니 자성을 지키잖고 연따라 이루더라

하나에 일체있고 많음속 하나있어 하나가 일체이고 많음이 하나로세

한티끌 가운데에 시방을 머금었고 일체의 티끌마다 역시나 그러하네

무량한 긴세월이 한순간 일념이고 찰나의 한생각은 무량겁 세월일세

구세및 십세간에 서로가 즉하면서 하나도 잡란없이 따로이 이루더라

처음에 발심할때 정각을 이룸이여 생사와 열반세계 언제나 어울리네

이사가 명연하여 나눌수 없는지라 십불과 보현보살 대인의 경계로다

부처님 해인삼매 그속에 함장된것 번출의 여의함은 부사의 일이로다

보배비 중생도와 허공을 채우나니 중생들 그릇따라 이익을 얻는구나

그러니 수행자는 본제로 돌아가세 망상을 쉬지않곤 얻을길 달리없네

참다운 선교로써 여의주 잡았으니 귀가에 분수따라 자량을 얻는도다

신묘한 다라니의 무진한 보배로써 법계의 진실하온 보배궁 장엄하여

실제의 중도자리 마침내 앉고보니 옛부터 부동함을 붓다라 이르더라

법 성 게

법성은 원융하여 두모습 본래없고 제법은 부동하여 본래로 고요하네

명상이 모두없어 일체가 끊겼으니 증지로 알바이지 딴경계 아니로다

진성은 매우깊어 지극히 미묘하니 자성을 지키잖고 연따라 이루더라

하나에 일체있고 많음속 하나있어 하나가 일체이고 많음이 하나로세

한티끌 가운데에 시방을 머금었고 일체의 티끌마다 역시나 그러하네

무량한 긴세월이 한순간 일념이고 찰나의 한생각은 무량겁 세월일세

구세및 십세간에 서로가 즉하면서 하나도 잡란없이 따로이 이루더라

처음에 발심할때 정각을 이룸이여 생사와 열반세계 언제나 어울리네

이사가 명연하여 나눌수없는지라 십불과 보현보살 대인의 경계로다

부처님 해인삼매 그속에 함장된것 번출의 여의함은 부사의 일이로다

보배비 중생도와 허공을 채우나니 중생들 그릇따라 이익을 얻는구나

그러니 수행자는 본제로 돌아가세 망상을 쉬지않곤 얻을길 달리없네

참다운 선교로써 여의주 잡았으니 귀가에 분수따라 자량을 얻는도다

신묘한 다라니의 무진한 보배로써 법계의 진실하온 보배궁 장엄하여

실제의 중도자리 마침내 앉고보니 옛부터 부동함을 붓다라 이르더라

법 성 게

법성은원융하여 두모습본래없고　제법은부동하여 본래로고요하네

명상이 모두없어 일체가끊겼으니　증지로알바이지 딴경계아니로다

진성은매우깊어 지극히미묘하니　자성을지키잖고 연따라이루더라

하나에일체있고 많음속하나있어　하나가일체이고 많음이하나로세

한티끌가운데에 시방을머금었고　일체의티끌마다 역시나그러하네

무량한긴세월이 한순간일념이고　찰나의한생각은 무량겁세월일세

구세및십세간에 서로가즉하면서　하나도잡란없이 따로이이루더라

처음에발심할때 정각을이룸이여　생사와열반세계 언제나어울리네

이사가명연하여 나눌수없는지라　십불과보현보살 대인의경계로다

부처님해인삼매 그속에함장된것　번출의여의함은 부사의일이로다

보배비증생도와 허공을채우나니　증생들그릇따라 이익을얻는구나

그러니수행자는 본제로돌아가세　망상을쉬지않곤 얻을길달리없네

참다운선교로써 여의주잡았으니　귀가에분수따라 자량을얻는도다

신묘한다라니의 무진한보배로써　법계의진실하온 보배궁장엄하여

실제의증도자리 마침내앉고보니　옛부터부동함을 붓다라이르더라

법 성 게

법성은원융하여 두모습 본래없고   제법은부동하여 본래로고요하네

명상이 모두없어 일체가끊겼으니   증지로알바이지 딴경계아니로다

진성은매우깊어 지극히미묘하니   자성을지키잖고 연따라이루더라

하나에 일체있고 많음속 하나있어   하나가일체이고 많음이 하나로세

한티끌가운데에 시방을머금었고   일체의티끌마다 역시나 그러하네

무량한긴세월이 한순간일념이고   찰나의 한생각은 무량겁 세월일세

구세및 십세간에 서로가즉하면서   하나도 잡란없이 따로이 이루더라

처음에 발심할때 정각을이룸이여   생사와열반세계 언제나어울리네

이사가명연하여 나눌수없는지라   십불과 보현보살 대인의경계로다

부처님 해인삼매 그속에 함장된것   번출의여의함은 부사의 일이로다

보배비 중생도와 허공을채우나니   중생들 그릇따라 이익을얻는구나

그러니 수행자는 본제로돌아가세   망상을쉬지않곤 얻을길 달리없네

참다운 선교로써 여의주잡았으니   귀가에 분수따라 자량을얻는도다

신묘한다라니의 무진한보배로써   법계의진실하온 보배궁장엄하여

실제의 중도자리 마침내앉고보니   옛부터 부동함을 붓다라이르더라

법 성 게

법성은원융하여 두모습본래없고 제법은부동하여 본래로고요하네

명상이 모두없어 일체가끊겼으니 증지로알바이지 딴경계아니로다

진성은매우깊어 지극히미묘하니 자성을지키잖고 연따라이루더라

하나에 일체있고 많음속하나있어 하나가일체이고 많음이 하나로세

한티끌가운데에 시방을머금었고 일체의티끌마다 역시나그러하네

무량한긴세월이 한순간일념이고 찰나의한생각은 무량겁 세월일세

구세및 십세간에 서로가즉하면서 하나도잡란없이 따로이이루더라

처음에 발심할때 정각을이룸이여 생사와열반세계 언제나어울리네

이사가명연하여 나눌수없는지라 십불과 보현보살 대인의경계로다

부처님 해인삼매 그속에 함장된것 번출의여의함은 부사의 일이로다

보배비 중생도와 허공을채우나니 중생들그릇따라 이익을얻는구나

그러니 수행자는 본제로돌아가세 망상을쉬지않곤 얻을길 달리없네

참다운선교로써 여의주잡았으니 귀가에 분수따라 자량을얻는도다

신묘한다라니의 무진한보배로써 법계의진실하온 보배궁장엄하여

실제의 중도자리 마침내앉고보니 옛부터 부동함을 붓다라이르더라

사 경 회 향 문

나무불 나무법 나무승 시방법계에 두루하신 부처님이여!

저에게 이렇듯 큰 가피 내리시어 사경기도를 마치게 하시니

너무너무 감사할 따름입니다.

거듭 청하옵나니 더욱 착한 불자로 이끌어 주시고 귀의하옵는 저의 마음에 자비의 광명으로 임하사 공덕의 등불되게 하소서.

선망부모 조상님들 모두 극락으로 인도하옵시며 저의 가족 언제나 건강하며 하는 일이 뜻과 같이 되게 하소서.

오늘 이처럼 닦은 공부, 모든 이웃에게 두루 회향하오며 세세생생 보살도 닦기를 서원합니다.

시방에 두루하신 부처님께 귀명정례 하옵니다.

관세음보살 관세음보살 관세음보살

* 필요에 따라 자기 가족의 축원을 구체적으로 하셔도 됩니다.

기도불자 _____ 합장